ADRESSE

DE 150 COMMUNES DE NORMANDIE,

A LA CONVENTION NATIONALE,

SUR LE JUGEMENT DE LOUIS XVI.

ADRESSE

DE 150 COMMUNES DE NORMANDIE,

A LA CONVENTION NATIONALE,

SUR LE JUGEMENT DE LOUIS XVI.

REPRÉSENTANS,

C'EST avec l'amertume la plus vive, et dans le cœur, que vingt mille citoyens, encore Français, instruits d'hier que vous prétendez juger Louis XVI, s'empressent à vous faire cette adresse pour vous engager à considérer l'énormité de ce forfait, son injustice et l'opprobre dont vous allez couvrir éternellement la France, en ordonnant la mort de son souverain.

Soixante-dix rois ont précédé ce prince

sur le trône de cette monarchie ; aucuns n'ont plus que lui désiré le bonheur de leurs sujets ; aucuns n'ont plus fait pour eux ; aucuns n'ont plus réuni de vertus. Vous connoissez tous , représentans, sa bonté , ses mœurs, son économie, sa droiture ; vous savez tous qu'il n'est aucun bon Français qui ne le chérisse , et cependant c'est ce prince, ce roi , depuis trois ans accablé de malheurs, dont la vie a été si souvent attaquée , qu'aveuglés , par vingt scélérats , vous voulez faire périr sur un échaffaud, que feriez-vous à un tyran? Que ferez-vous un jour à l'usurpateur de sa couronne ?

Ne vous abusez pas plus long-temps ; on vous trompe lorsqu'on vous dit que ce crime est nécessaire à l'établissement de la république ; au lieu de la cimenter, il en va causer la dissolution , et vous donner un tyran. On calomnie le peuple en avançant qu'il demande la tête de son roi ; peut-il vouloir une atrocité ? Voyez où vous ont conduits d'ambitieux brigands ; la nation a juré solemnellement, il y a trois ans, de maintenir et de défendre éternellement une monarchie qui subsistoit depuis treize siècles, qui faisoit la gloire et le bonheur des Français ; elle en a dix fois renouvelé le serment, et depuis deux mois, depuis votre rassemblement en convention nationale, au mépris de tous ces sermens, des scélérats jusqu'alors méconnus, afin d'élever leur fortune sur les débris du trône, afin de s'en emparer ensuite, sont parvenus à le renverser, à proscrire leur souverain, à susciter une guerre cruelle entre leurs concitoyens, et à vous faire les instrumens de leurs forfaits. Vous ne voulez pas voir que ces traîtres, dont vous êtes les jouets, vous trompent lorsqu'ils vous disent que comme représentans vous avez le droit de changer journellement les lois ; d'anéantir toutes les fortunes ; de vous emparer des biens de la portion la plus riche de la nation ; de juger votre roi. Qu'ils vous trompent lorsqu'ils paroissent vouloir une république, qu'ils détruiront aussitôt que ce prince ne sera plus ; mais où sont vos pouvoirs pour faire ces changemens ? De qui les avez-vous reçus ? Qui a osé vous les donner ? Pour les obtenir ces pouvoirs, pour être les vrais représentans de la nation, détruisez auparavant les assassins soudoyés, les libellistes infâmes, éclairez le peuple au lieu de l'induire en erreur, rendez aux suffrages la liberté qu'ils doivent avoir ; que tous les Français, désabusés sur les prétendus crimes de Louis XVI, dont vous ne pouvez prouver un seul, puissent, sans danger, voter dans leurs sections, alors si vos concitoyens vous choisissent, vous aurez la preuve qu'il n'en est aucuns, oui aucuns, qui ne vous demande la conservation de leur roi, d'un roi adoré de ses peuples pendant quinze ans, que vos calomnies n'ont pu effacer de leurs cœurs, qui n'en sortira jamais, et dont les crimes imaginaires et frivoles ont été fabriqués par d'avides scélérats et de perfides sujets.

Puisque vous prétendez faire des lois, vous ériger en juges de votre souverain; pourquoi souffrez-vous qu'on prononce chaque jour, à votre tribune, les maximes les plus atroces; qu'on y insulte tous les rois; qu'on y débite qu'il suffit d'être prince ou monarque pour mériter la mort; qu'à travers les torrens des plus basses injures dont vos collègues accablent sans cesse Louis XVI, ils ayent l'audace de vous demander sa tête, ou qu'ils lui arracheront la vie ? Pourquoi, au lieu de rejeter de votre sein ces harangueurs, ces écrivains forcenés, souffrez-vous qu'ils s'efforcent journellement de dégrader ce prince dans le cœur des Français ; que ses assassins siégent avec vous, soient avec vous ses juges? Ravaillac et Damien, aujourd'hui vos dieux, ont survécu plusieurs mois aux assassinats de Henri IV et de Louis XV, ce temps fut employé à leur procès, et vous, en quatre jours, sans examen, sans cause, peut-être même sans but, sourds à la voix de la justice, de l'humanité, de l'honneur même, n'écoutant que les fureurs de ceux qui vous guident prétextant lâchement la volonté d'un peuple trompé depuis trop long-temps, vous condamnez à une mort ignominieuse votre roi ; ah! si ce roi eût commis tous les crimes que vous vous gardez de réprimer dans ses ennemis , son rang, la politique , la honte que son supplice doit imprimer sur la nation, ne devroient-ils pas vous arrêter ? Enivrés d'un pouvoir que des factieux vous ont arrogé, croyez – vous que la France ne vous demandera pas compte du sang que vous allez répandre ? Croyez-vous qu'elle ne vous demandera pas où est le bonheur que vous lui avez promis ? Quel emploi vous avez fait de six milliards dissipés depuis trois ans ? Par quel motif avez-vous entrepris une guerre aussi injuste que ruineuse , et que la hache est toujours levée sur vos concitoyens ? Songez qu'il n'est aucun Français, que le crime que vous voulez commettre ne rende votre ennemi, qu'il n'en est aucun qui ne connoisse l'indigne prince que vous voulez substituer à Louis XVI, et qui ne se venge sur lui et sur chacun de vous de tous les maux que votre coupable connivence aura causés.

Vous écoutez avec complaisance des ora-
teurs subornés qui vous comparent aux
Romains ; plusieurs même d'entre vous se
croyent des Brutus ; fut-il jamais un plus
sot orgueil ? Quand les Romains, trompés
par des factieux, voulurent établir une république, ils se contentèrent de bannir Tar-
quin, couvert de crimes ; moins cruels que
vous, ils auroient rougi de tuer leur roi !
Brutus, le féroce Brutus, n'auroit point
condamné à la mort ses enfans, sans le désir
d'être le chef de sa nouvelle république ;
la soif de dominer causa son crime ; quels
pères voudroient imiter ce Romain ? Depuis
deux mille ans, écoulés jusqu'à vous, a-t-
il eu son semblable ? Plus atroces que lui,
convaincus de l'innocence de ceux que
vous condamnez, vous ordonnez de sang-
froid le meurtre de tous les appuis du
trône ; vous envahissez les biens de timides

citoyens que la peur de vos satellites a fait fuir dans une terre étrangère ; vous enve-loppez indistinctement dans vos proscrip-tions les vieillards, les femmes, les enfans, vous y comprenez même ceux qui ayant entrepris de longs voyages sur la foi de vos passeports, ignorent peut-être encore les progrès de votre révolution ! Il suffit d'avoir quelque fortune pour être suspect, persécuté, en proie à vos fureurs ; et après avoir renversé tous les ordres de l'état, après avoir détruit ses finances, dilapidé 1,600 millions d'assignats en trois mois, ruiné tous les individus, vous imputez vos crimes à ceux que vous poursuivez ; c'est sur Louis XVI et sa famille que vous vou-lez tirer vengeance des désastres d'Arles et d'Avignon, de ceux du Champ-de-Mars, de l'affreuse journée du 10 août ; quoi ! des scélérats auront formé le complot, d'assassiner leur roi, envoyé chez lui, à cet effet, une de leurs cohortes ; des sujets fidelles, en perdant la vie pour le défendre, auront immolé quelques-uns de ces monstres, et ce roi, selon vous, sera responsable du sang de ces brigands ; il sera responsable de celui que des bourreaux, soudoyés par vous, soustraits par vous aux rigueurs de la justice, auront versé dans ces journées malheureuses ? Quelles cruautés! Quelles lois ! Quels législateurs ! Puisque par ces moyens horribles vous exercez doublement vos vengeances, à qui demanderez-vous compte de huit mille citoyens égorgés dans les premiers jours de septembre, à la porte de leurs prisons ; de trois cents prêtres de tous grades, enfermés par vos ordres, et massacrés aussitôt? N'existe-t-il aucune de ces victimes, échappées à leurs bourreaux, auxquelles vous puissiez imputer tous ces crimes ? N'avez-vous plus d'ennemis sur lesquels vous puissiez les venger? Pourquoi, depuis trois mois, ne cherchez-vous pas les auteurs de tant de meurtres? A quoi doit-on attribuer votre silence? Ah! il ne prouve que trop que ces monstres vous sont bien connus; qu'ils siégent parmi vous; qu'ils sont avec vous les juges de leur roi, et que vos bras ne sont armés que contre votre souverain, sa famille et leurs défenseurs.

Heureusement éloignés d'une capitale infectée de brigands, dont les volontés font vos lois, citoyens simples et ignorés, nous ne connoissons le descendant des Bourbons que par ses vertus et ses malheurs; il étoit notre roi, fidelles à ce prince, fidelles à nos sermens, nous ne voulons pas d'autre maître; que ses ennemis forment avec vous une république, qu'un prince indigne de son sang partage avec vous les lambeaux de la monarchie ; que les prédictions funestes qui vous ont été faites s'accomplissent, peu nous importe ; nous nous séparons à jamais de vous ! jamais vos lois ne seront les nôtres, et nous ne voulons de vous que notre roi ; ce ne sont pas les souverains qui font le malheur de leurs sujets ; mais les traîtres, les mauvais ministres et les factieux qui s'emparent de leur autorité, qui s'abreuvent du sang des peuples. Louis XVI vivant avec sa famille au milieu de nous, au milieu d'une province attachée à ses rois, sera cent fois plus heureux en voyant la joie avec laquelle des sujets fidelles s'empresseront de lui payer les impôts dont vous les accablez, en partageant la fortune de ses amis, de ses enfans, qu'en régnant sur la horde de scélérats qui vous dominent, et dont vous servez si cruellement les passions.

La réponse que nous demandons à cette adresse, est notre roi. Après l'avoir fait imprimer pour instruire la France de notre résolution ; après avoir invité tous les vrais Français à s'unir à nous, à se soustraire à la domination d'affreux régicides, nous irons chercher notre souverain, l'arracher des mains de ses bourreaux, et s'ils ont consommé leur crime, en les massacrant, le venger.